PORNOPOPPOCKET

Paula Taitelbaum

L&PM EDITORES

Eu abro as pernas
para perpetuar
a tênue
ternura
do infinito
da Fênix
e seu rito.

Eu abro as pernas
para enrijecer
o grelo
descontrolar
o grito
gotejar
a gruta
e me perder
no atrito.

Eu abro as pernas
para entrar em mim
mimetizar o ego
e transformá-lo em mito.

Quando estamos
assim encaixados
sinto que a tua matiz
alcança minha matriz
percebo a boca
do teu pau
beijando o colo
do meu útero
e me fazendo
cada vez mais
úmida
cada vez mais
lúbrica
cada vez mais
íntima.

Erupção nas tripas
um vulcão que jorra
dentro da tulipa.

Sou seu fetiche
o fantoche
onde ele enfia
todos os dedos
sou a boneca
com quem
ele brinca
em silêncio
e segredo.

Meu lugar preferido
é perto do seu ouvido
nas dobras da sua orelha
onde minha língua passeia
sem sair do lugar
é lá que enfio bem fundo
o verbo mais imundo
que consigo encontrar.

Você esticado na cama
feito uma carreira de pó
tenho gana de lhe cheirar inteiro
feito louca, de uma vez só.

Ele gosta de mulheres com falo
no meio das falas
com palavras que pingam
e frases que entram rasgando
ele gosta de mulheres que fodem
com as regras de gramática
que comem letras
quando estão gozando.

Ok, sou uma cadela
mas uma cadela de raça
tudo bem eu dar meu rabo
mas que não seja na praça.

São centenas
de corpos suados
que sobem
e descem
do meu lado
bocetas e paus
que se esfregam
e se despistam
no centro da pista
são muitos e muitos
olhos fechados
braços erguidos
tesões espremidos
são espécies
que me excitam
com seu transe
um verdadeiro
clímax
sem transa.

Ele tem um grande
pau marfim
tão grande
que se eu colocar
tudo pra dentro
talvez nem sobre
espaço pra mim.

O problema de ter cara de santa
é não ser chamada de puta
quando a saia levanta.

Cadê você
que não tá aqui
agora
cadê você
nessa hora
em que eu mais
preciso
cadê você
que nem mandou
aviso
dizendo
que não vinha
cadê você
desaparecido
logo hoje
que acordei
preaquecida
cadê você
que nunca
paga pra ver
que nunca
tá aqui quando
quero foder?

Ele traduz meu silêncio
reescrevendo com saliva
minhas saliências
no instante do refluxo
no reflexo das quatro pupilas
os pensamentos
são como palavras
ele pode me ler.

Kama Sutra
na cama
a posição
do surto
gozada
meio
no susto.

Tô cansada
de foda
cronometrada
queria horas
e mais horas
de cravada
depois dormir
em concha
encaixada
com a xota
cheia
e toda
inchada.

Débil, fértil, febril
é assim que ela existe
inexata e incoerente
com o corpo latente
a mente letárgica
e os movimentos ilícitos.

Ele finge indiferença
quando os olhos
de Afrodite dela
deixam a fronha
e se debruçam
sobre o berço
dos seus braços.
Ele fica imóvel
só sentindo os cílios
fazendo cócegas
em suas costelas.
Ela não consegue ver
mas cada vez
que pisca
faz a pica dele
crescer.

Eu vejo o homem sair do mar
milhões de gotas grudadas
cada uma delas um pingo
da vontade que me invade
disfarço
apresso o passo.

Boceta carmim
mignon neon
pisca acende apaga
despista o sono
procura um dono.

Há uma sombra
que me segue incansavelmente
quer penetrar nos meus poros, a puta
quer me violentar com seus esporos,
me esporrear inteira
quando eu apago a luz, ela entra
funde-se na ausência dos meus contornos
invade meus pensamentos
com pornografias instantâneas
flashes de desejo que cravam e crucificam
então eu gozo como quem tropeça no vazio
como quem se perde de si
na sina da escuridão:
sem querer.

Silicone, espartilho
algemas e salto fino
tudo farsa
depois da festa
ela tira
o disfarce
desfaz a pose
e de posse
de seu pênis
à pilha
vai comer
a sua ervilha.

Na vulva vibra a larva
que logo será borboleta
sairá do seu casulo
vai virar uma boceta.

Faz do meu corpo
o tobogã
da tua língua
deixa ela escorregar
lentamente
saindo da minha boca
e indo até o dedo do pé
desenha um rastro de lesma
entre meus seios
e depois descansa um pouco
dentro do meu umbigo.
Vem comigo
vem pro ponto de partida, vem
prepara a tua língua
e vem sentir o gosto
que o meu corpo tem.

Ele afivela a coleira
no meu pescoço
como se colocasse ali
um colar de diamantes.
Logo eu vou estar
abanando o rabinho
enquanto ele, o amante
me dará o seu ossinho.

A melhor trepada
nem é a que
rasga a blusa
tem lambuzo
faz gritar.
A melhor trepada
é quando ele
me penetra
com o olhar.

Não pára! Não pára!
Curra a porra do meu corpo
e depois jorra na minha cara.

Vai, esquece a platéia
agarra teu instrumento
e começa a tocar
eu vou fechar os olhos
entrar no teu ritmo
e na nota mais triste
quero me acabar.

Ele tem vontade
de ficar infinitamente
dentro dela
de habitar seu útero úmido
de dormir lá
quente e quieto.
Ele tem muita vontade
de encolher-se pra sempre
sob esse Monte de Vênus
de chupar eternamente
o próprio pênis.

Há um gemido cravado
um sussurro entalado
um suspiro parado
entre os grandes
lábios
calados.

Te prepara
pra passar creme
na minha cara
tô esperando
essa tua nata
espessa
grossa
minha nossa
tá vendo?
Minha boca
clama
meus olhos
chamam
minha pele
pede
uma grande
farra
com a tua
porra.

A voz ecoa no vácuo
enquanto o pau sem pausa
cava feito pá o buraco.

Quantos litros da sua
porra será que eu já engoli?
Será que o suficiente
pra você deixar
de me tratar
feito um guri?

Não me olha desse jeito
nervoso verdoso inverossímil
eu posso virar um míssil
e acertar você em cheio
cuidado
com o recheio
você não sabe que
minha pele é explosiva
meus fluídos são corrosivos
e que sou tão incandescente
que numa troca
de olhares
fodo até
com a sua mente.

Do céu da minha boca
despencam
estrelas cadentes
você geme um pedido
com a cabeça
entre meus dentes.

Quando teu dedo
passa perto do meu cu
eu me sinto um pouco tu
tudo turmalina.
Quando teu dedo entra
atrás e através
eu arrepio o dedo do pé
pena perpétua essa minha.
Quando nossas pernas
formam um nó de nós
viramos corpos celestes
não te veste me traveste.
Quando tua língua busca
o meu maremoto
eu morro subitamente
peixe preso na rede.

Eles fecham as mãos
como os que tentam conter
as águas de uma cachoeira.
Tudo em vão.
O gozo escapa-lhes pelos dedos
perde-se na própria ilusão.

Vagina
de eterna
menina
mil fodas
e continua
pequenina.

Estou nua e ajoelhada
esperando que ele agarre
os meus cabelos
e me puxe pro meio
das suas pernas
como se quisesse
me parir pra dentro.
Estou nua e ajoelhada
como quem vai rezar
ou pagar uma penitência
como quem aguarda
do santo um milagre
ou do padre uma bênção.
Estou nua e ajoelhada
totalmente dominada
na boca, uma mordaça
na alma, uma puta de praça.

Quero a saliva no sulco
como o sol na fresta:
pouca pressão e nenhuma pressa.

A regra é não dar trégua
comê-la de quatro
chamá-la de égua
a regra é segurar o arreio
e se ela tentar fugir
puxar com força seu freio.

Eu gosto quando você
coloca as mãos atrás
da minha cabeça
e me puxa com pressa
pra dentro da sua boca
eu gosto como louca
de ter seus lábios grudados
de um jeito sôfrego
que sangra
e me tira o fôlego
eu gosto de te sorver
aos goles e fingir
que nossas línguas
são siamesas
gosto de beijos
com gosto de
insensatez
e incerteza.

Ela gritou
Caralho!
Caralho!
Caralho!
Porra!
Será
que você
não sabe
esperar?
Só esporrear...?

Sou um quadro-negro
esperando o risco do teu giz
desejando que o teu pau
me desenhe por dentro
fazendo os contornos
que eu sempre quis
sou um quadro-negro
em branco
te chupando
te apalpando
e me perguntando
o que foi que eu fiz?
O que foi que eu fiz
pra desejar tanto
que o teu pau se alastre
pela minha lustrosa
flor-de-lis?

Ele pára o carro e fala:
entra.
Ele baixa as calças e diz:
chupa.
Ele pisa fundo e grita:
bebe.
Ele vai em frente e pensa:
foda-se.

Ela tem uma bunda grande
que balança quando ela dança
ela tem uma bunda fenomenal
onde uns três ou quatro paus
fariam a maior lambança.

Bote
as bolas
na boca
como se
fossem
balas
de leite.
Imagine
que elas
estão se
derretendo
aos poucos.
Vai por mim.
Eles ficarão
loucos.

Ando me alimentando só de porra
quando não é em estado líquido
é no gasoso
porra etérea
do tipo que jorra
no pensamento.

Por favor
eu quero
meleca
manjar
na xeca
encaixe
desencaixe
selvageria
e solavanco
ficar frouxa
depois roxa
e então feliz
no meio
das coxas
por favor
eu quero
chute
baixaria
montaria
e bunda
na pia.

Ela é cadela no cio:
levanta a cauda
escorre a calda.

Foi um ensejo
de repente
no meio
de um beijo
que ele
resolveu
dizer:
teu rabinho
é tão rosa
rosinha bebê
tem preguinhas
delicadas
dá vontade
de comer.

A velha vê o volume
embaixo do calção
a velha achava que
estava morta
e levanta-se
do caixão.

Ela tem um ritmo
que é só dela
mãos que vão
e logo já vêm
seios soberbos
que sobem
e descem
ancas que balançam
sob o vestido erguido
coxas molhadas
a se roçar.
Ela lava roupa
no tanque
envolvida
na quietude
daquele olhar
de menino.

Ele por sua vez
imagina que
entre as pernas
a mulher tem
uma rosa.
Tem vontade
de trocar-lhe
o nome
chamá-la:
voluptosa.

A garota tem um fetiche:
que façam sanduíche
dela.
Procura dois belos pães
que a desejem
como mortadela.

Ele me lambeu
se esfregou
me arranhou
se aninhou
e agora que dormiu
descobri que não respira
ronrona.
Trepei com um
cachorro felino
e jamais
serei sua dona.

A mulher bate punheta no marido e pensa: ele come nas minhas mãos.
A puta bate punheta no cliente e pensa: ele come as minhas mãos.

Um umbigo molhado e eu pilhada
o caralho orvalhado de saliva
e entre os pentelhos
um baralho de tarô
o oráculo farfalha
não seguimos seu conselho
nossa única cartilha
vem desse espelho
que nos espalha
no teto.

Engatilha o teu pau
me prensa contra a parede
e me revista inteira
como se eu fosse
um marginal.

Tenho febre
tremo temo
fervo e deliro
reviro os olhos
crio bolhas
quase morro
só em pensar
no seu jorro.

Entre as coxas
a fruta se desmancha
roxa de fome.

Sempre que o teto
sente-se atraído
pela minha cabeça
eu sento num canto
encolho as pernas
escondo os problemas
e penso nas mãos dele
invadindo minha blusa
os dedos em pinça
apertando o mamilo
revelando a malícia
me deixando maluca
então eu olho pro teto
faço as pazes com ele
e volto pro meu lugar
nada além de mim
vai desabar.

Escolheu o maior
pepino da feira
e fez pro marido
o que ele não lhe fez
a vida inteira.

Ela é femme tão fatale
que me engole
só com a sua presença
ela entra em mim
sem pedir licença
e com um olhar
de mulher das cavernas
faz com que eu deseje
ter um pau
entre as pernas.

Desenhe círculos
sobre meu clitóris
infinitos pontos finais
um pra cada um
dos meus ais.

Esse verso
embora perverso
é só pra dizer
que eu quero
que você me coma.
Como? De frente
de anverso
desse jeito
e de um inverso
até explodir
dentro de mim
como o estouro
que deu origem
ao universo.

No meio da minha linha de vida
o cheiro do teu pau
fecho a mão
quero prendê-lo
como se prende
um animal.

Você já foi um estranho
tateando na escuridão
das minhas entranhas
você enfrentou o breu
e hoje conhece os caminhos
muito melhor do que eu.

A menina tem apenas oito anos.
Ela sobe na cômoda, nua
e inicia uma coreografia só sua
pernas longas e finas
ela tem um porte de gazela
tão magra
que saltam-lhe
as costelas.
A menina dança lânguida
junto à janela aberta
quer chamar a atenção
do homem na rua deserta.
Mas ele não nota
o anjo que baila
de asas erguidas
absorto
nem imagina
o que acontece
tão perto
da sua vida.

Espectro de língua áspera,
felino de essência fálica
o gato sorve entre os dedos
com seu sorriso metálico.

Ele olhou aquela vagina
tão nua
e pensou que devia
ser assim
na superfície
da lua
a leveza
a falta de ar
e um mundo
inteiro
a explorar.

Teu pau pinga
dentro da seringa
pra injetar o vício
no meu orifício.

Ele sempre baixa os olhos
quando ela passa ao seu lado
e sempre vira a cabeça
para olhar o traseiro empinado
ele sabe que ela não sabe
que ele a vê como miragem
e não consegue dormir
sem prestar-lhe homenagem
ele não quer que ela desça
desse grande pedestal
toda deusa perde o encanto
quando vira uma mortal.

Motel móvel
ambulante
com fellatios
embutidos
embaixo
do volante.

Hoje eu vou sentar
e descansar da vida
vou sentar um pouco
e esquecer as feridas
hoje eu vou sentar
sem pressa bem devagar
sentar num pau bem duro
hoje eu vou
eu juro.

Eu queria dizer
pra ele fazer diferente:
mais pra frente
mais pra cima, mais pra baixo
direita, esquerda, volver
isso, mais devagar
e agora correndo
no mesmo lugar.

Eu vejo a orgia
pairando no ar
consigo perceber
os genitais gemendo
no meio daquela
conversa banal
eu capto os desejos
desajeitados
dessa gente
que se faz de gentil
eu ouço
as jebas gritando
e as xecas chamando
escuto tudo
mas finjo que
nada acontece.
Hipócritas
não me merecem.

Todos os dias
eu agradeço a Deus
por ter me dado
pernas tão compridas
só assim as línguas
demoram mais na subida.

De seus lábios surgem plumas
que me transformam em plasma
viro puro pleonasmo
pluma plasma pleno
orgasmo.

Você me despe inteira
criando versos que acariciam
minha xota de uma maneira
que tudo o mais nessa vida
passa a ser pura besteira.

Aaaaaaaaaaaaaaa....aaaa...aaa...aa...a...acabou...